D1641579

Il libro di ricette di

....

Indice

Le mie ricette:

Indice

Le mie ricette:

Indice

Le mie ricette:

Indice

Le mie ricette:

Indice

Le mie ricette:

Indice

Le mie ricette:

Le mie ricette...

♥ Ricetta 1 _____

| Tempo di cottura | Tempo di Preparazione | Porzioni |

Ingredienti

_____   _____

_____   _____

_____   _____

_____   _____

_____   _____

Procedimento

_____

_____

_____

_____

_____

_____

_____

_____

_____

_____

_____

♥ Ricetta 2 _____

_____   _____   _____

Ingredienti

_____   _____

_____   _____

_____   _____

_____   _____

Procedimento

_____

_____

_____

_____

_____

_____

_____

_____

_____

_____

♥ Ricetta 3 _____

Tempo di cottura	Tempo di Preparazione	Porzioni
🕐 _____	🥣 _____	🍽 _____

Ingredienti

_____   _____

_____   _____

_____   _____

_____   _____

_____   _____

Procedimento

_____

_____

_____

_____

_____

_____

_____

_____

_____

_____

_____

♥ Ricetta 4 _____

Tempo di cottura   Tempo di Preparazione   Porzioni

Ingredienti

_____   _____

_____   _____

_____   _____

_____   _____

Procedimento

_____

_____

_____

_____

_____

_____

_____

_____

_____

_____

♥ Ricetta 5 _____

Tempo di cottura   Tempo di Preparazione   Porzioni.

🕐 _____   🥣 _____   🍴 _____

Ingredienti

_____   _____

_____   _____

_____   _____

_____   _____

_____   _____

Procedimento

_____

_____

_____

_____

_____

_____

_____

_____

_____

_____

_____

♥ Ricetta 6 _____

Tempo di cottura   Tempo di Preparazione   Porzioni.

Ingredienti

_____   _____

_____   _____

_____   _____

_____   _____

_____   _____

Procedimento

_____

_____

_____

_____

_____

_____

_____

_____

_____

_____

♥ Ricetta 7 _____

Ingredienti

_____   _____

_____   _____

_____   _____

_____   _____

_____   _____

Procedimento

_____

_____

_____

_____

_____

_____

_____

_____

_____

_____

♥ Ricetta 8 _____

Tempo di cottura   Tempo di Preparazione   Porzioni

🕐 _____   🥣 _____ |O| _____

Ingredienti

_____   _____

_____   _____

_____   _____

_____   _____

_____   _____

Procedimento

_____

_____

_____

_____

_____

_____

_____

_____

_____

_____

_____

♥ Ricetta 9 _____

Tempo di cottura   Tempo di Preparazione   Porzioni

Ingredienti

_____   _____

_____   _____

_____   _____

_____   _____

_____   _____

Procedimento

_____

_____

_____

_____

_____

_____

_____

_____

_____

_____

_____

♥ Ricetta 10 _____

Tempo di cottura   Tempo di Preparazione   Porzioni.

Ingredienti

_____   _____

_____   _____

_____   _____

_____   _____

_____

Procedimento

_____

_____

_____

_____

_____

_____

_____

_____

_____

_____

_____

_____

♥ Ricetta 11 _____

Ingredienti

_____   _____

_____   _____

_____   _____

_____   _____

_____

Procedimento

_____

_____

_____

_____

_____

_____

_____

_____

_____

_____

♥ Ricetta 12 _____

Ingredienti

_____   _____

_____   _____

_____   _____

_____   _____

Procedimento

_____

_____

_____

_____

_____

_____

_____

_____

_____

_____

_____

Tempo di cottura   Tempo di Preparazione   Porzioni.

Ingredienti

_____   _____

_____   _____

_____   _____

_____   _____

Procedimento

_____

_____

_____

_____

_____

_____

_____

_____

_____

_____

♥ Ricetta 14 _____

Tempo di cottura   Tempo di Preparazione   Porzioni.

_____   _____   _____

Ingredienti

_____   _____

_____   _____

_____   _____

_____   _____

_____

Procedimento

_____

_____

_____

_____

_____

_____

_____

_____

_____

_____

♥ Ricetta 15 _____

Ingredienti

_____ _____

_____ _____

_____ _____

_____ _____

_____

Procedimento

_____

_____

_____

_____

_____

_____

_____

_____

_____

_____

_____

♥ Ricetta 16 _____

Tempo di cottura   Tempo di Preparazione   Porzioni

_____   _____   _____

Ingredienti

_____   _____

_____   _____

_____   _____

_____   _____

Procedimento

_____

_____

_____

_____

_____

_____

_____

_____

_____

_____

_____

♥ Ricetta 17 _____

Tempo di cottura   Tempo di Preparazione   Porzioni

🕐 _____   🥣 _____ |O| _____

Ingredienti

_____   _____

_____   _____

_____   _____

_____   _____

_____   _____

Procedimento

_____

_____

_____

_____

_____

_____

_____

_____

_____

_____

_____

♥ Ricetta 18 _____

Ingredienti

_____   _____

_____   _____

_____   _____

_____   _____

_____   _____

Procedimento

_____

_____

_____

_____

_____

_____

_____

_____

_____

_____

♥ Ricetta 19 _____

<table>
<tr><td>Tempo di cottura</td><td>Tempo di Preparazione</td><td>Porzioni</td></tr>
</table>

Ingredienti

_____   _____

_____   _____

_____   _____

_____   _____

Procedimento

_____

_____

_____

_____

_____

_____

_____

_____

_____

_____

♥ Ricetta 20

Tempo di cottura   Tempo di Preparazione   Porzioni

Ingredienti

_____   _____

_____   _____

_____   _____

_____   _____

_____   _____

Procedimento

_____

_____

_____

_____

_____

_____

_____

_____

_____

_____

♥ Ricetta 21 _____

Tempo di cottura   Tempo di Preparazione   Porzioni

🕐 _____   🥣 _____   🍴🍽 _____

Ingredienti

_____   _____

_____   _____

_____   _____

_____   _____

Procedimento

_____

_____

_____

_____

_____

_____

_____

_____

_____

_____

♥ Ricetta 22 _____

Ingredienti

_____   _____

_____   _____

_____   _____

_____   _____

_____   _____

Procedimento

_____

_____

_____

_____

_____

_____

_____

_____

_____

_____

♥ Ricetta 23 _____

Tempo di cottura   Tempo di Preparazione   Porzioni

_____   _____   _____

Ingredienti

_____   _____

_____   _____

_____   _____

_____   _____

_____   _____

Procedimento

_____

_____

_____

_____

_____

_____

_____

_____

_____

_____

Tempo di cottura   Tempo di Preparazione   Porzioni

Ingredienti

_____   _____

_____   _____

_____   _____

_____   _____

Procedimento

_____

_____

_____

_____

_____

_____

_____

_____

_____

_____

♥ Ricetta 25 _____

Ingredienti

_____   _____

_____   _____

_____   _____

_____   _____

Procedimento

_____

_____

_____

_____

_____

_____

_____

_____

_____

_____

_____

♥ Ricetta 26

Ingredienti

_____   _____

_____   _____

_____   _____

_____   _____

_____

Procedimento

_____

_____

_____

_____

_____

_____

_____

_____

_____

_____

♥ Ricetta 27 _____

Tempo di cottura   Tempo di Preparazione   Porzioni

🕐 _____   🥣 _____ |O| _____

Ingredienti

_____   _____

_____   _____

_____   _____

_____   _____

_____   _____

Procedimento

_____

_____

_____

_____

_____

_____

_____

_____

_____

_____

♥ Ricetta 28 _____

Tempo di cottura   Tempo di Preparazione   Porzioni.

Ingredienti

_____   _____

_____   _____

_____   _____

_____   _____

_____   _____

Procedimento

_____

_____

_____

_____

_____

_____

_____

_____

_____

_____

_____

♥ Ricetta 29 _____

Tempo di cottura   Tempo di Preparazione   Porzioni.

_____   _____   _____

Ingredienti

_____ _____

_____ _____

_____ _____

_____ _____

Procedimento

_____

_____

_____

_____

_____

_____

_____

_____

_____

_____

_____

♥ Ricetta 30 _____

Tempo di cottura   Tempo di Preparazione   Porzioni.

Ingredienti

_____   _____

_____   _____

_____   _____

_____   _____

Procedimento

_____

_____

_____

_____

_____

_____

_____

_____

_____

♥ Ricetta 31 _____

Tempo di cottura   Tempo di Preparazione   Porzioni.

Ingredienti

_____   _____

_____   _____

_____   _____

_____   _____

_____

Procedimento

_____

_____

_____

_____

_____

_____

_____

_____

_____

_____

_____

♥ Ricetta 32 _____

Tempo di cottura Tempo di Preparazione Porzioni

🕐 _____ _____ 🍽 _____

Ingredienti

_____ _____

_____ _____

_____ _____

_____ _____

_____ _____

Procedimento

_____

_____

_____

_____

_____

_____

_____

_____

_____

_____

♥ Ricetta 33 _____

<table>
<tr><td>Tempo di cottura</td><td>Tempo di Preparazione</td><td>Porzioni</td></tr>
</table>

Ingredienti

_____   _____

_____   _____

_____   _____

_____   _____

_____   _____

Procedimento

_____

_____

_____

_____

_____

_____

_____

_____

_____

_____

Tempo di cottura   Tempo di Preparazione   Porzioni.

Ingredienti

_____   _____

_____   _____

_____   _____

_____   _____

Procedimento

_____

_____

_____

_____

_____

_____

_____

_____

_____

_____

_____

♥ Ricetta 35 _____

Tempo di cottura   Tempo di Preparazione   Porzioni

Ingredienti

_____   _____

_____   _____

_____   _____

_____   _____

_____   _____

Procedimento

_____

_____

_____

_____

_____

_____

_____

_____

_____

_____

_____

♥ Ricetta 36 _____

Ingredienti

_____ _____

_____ _____

_____ _____

_____ _____

Procedimento

_____

_____

_____

_____

_____

_____

_____

_____

_____

_____

♥ Ricetta 37 _____

Tempo di cottura   Tempo di Preparazione   Porzioni.

Ingredienti

_____   _____

_____   _____

_____   _____

_____   _____

Procedimento

_____

_____

_____

_____

_____

_____

_____

_____

_____

_____

_____

Tempo di cottura   Tempo di Preparazione   Porzioni

Ingredienti

_____   _____

_____   _____

_____   _____

_____   _____

_____   _____

Procedimento

_____

_____

_____

_____

_____

_____

_____

_____

_____

_____

_____

♥ Ricetta 39 _____

Tempo di cottura   Tempo di Preparazione   Porzioni.

Ingredienti

_____   _____

_____   _____

_____   _____

_____   _____

_____   _____

Procedimento

_____

_____

_____

_____

_____

_____

_____

_____

_____

_____

♥ Ricetta 40 _____

Tempo di cottura   Tempo di Preparazione   Porzioni

Ingredienti

_____   _____

_____   _____

_____   _____

_____   _____

_____   _____

Procedimento

_____

_____

_____

_____

_____

_____

_____

_____

_____

_____

♥ Ricetta 41 _____

Tempo di cottura   Tempo di Preparazione   Porzioni.

Ingredienti

_____   _____
_____   _____
_____   _____
_____   _____

Procedimento

_____
_____
_____
_____
_____
_____
_____
_____
_____
_____

♥ Ricetta 42 _____

<table>
<tr><td>Tempo di cottura</td><td>Tempo di Preparazione</td><td>Porzioni</td></tr>
</table>

Ingredienti

_____   _____

_____   _____

_____   _____

_____   _____

Procedimento

_____

_____

_____

_____

_____

_____

_____

_____

_____

_____

♥ Ricetta 43

<table>
<tr><td>Tempo di cottura</td><td>Tempo di Preparazione</td><td>Porzioni.</td></tr>
</table>

Ingredienti

_____   _____

_____   _____

_____   _____

_____   _____

_____   _____

Procedimento

♥ Ricetta 44 _____

Tempo di cottura   Tempo di Preparazione   Porzioni.

_____   _____   _____

Ingredienti

_____   _____

_____   _____

_____   _____

_____   _____

_____

Procedimento

_____

_____

_____

_____

_____

_____

_____

_____

_____

_____

♥ Ricetta 45 _____

_____   _____   _____

Ingredienti

_____   _____

_____   _____

_____   _____

_____   _____

_____   _____

Procedimento

_____

_____

_____

_____

_____

_____

_____

_____

_____

_____

♥ Ricetta 46 _____

Tempo di cottura   Tempo di Preparazione   Porzioni.

_____   _____   _____

Ingredienti

_____   _____

_____   _____

_____   _____

_____   _____

_____   _____

Procedimento

_____

_____

_____

_____

_____

_____

_____

_____

_____

_____

_____

♥ Ricetta 47 _____

Tempo di cottura   Tempo di Preparazione   Porzioni

_____   _____   _____

Ingredienti

_____   _____
_____   _____
_____   _____
_____   _____

Procedimento

_____
_____
_____
_____
_____
_____
_____
_____
_____
_____
_____

♥ Ricetta 48 _____

Tempo di cottura   Tempo di Preparazione   Porzioni

Ingredienti

_____   _____

_____   _____

_____   _____

_____   _____

Procedimento

_____

_____

_____

_____

_____

_____

_____

_____

_____

_____

♥ Ricetta 49 _____

Tempo di cottura   Tempo di Preparazione   Porzioni

⏱ _____   🥣 _____ |O| _____

Ingredienti

_____   _____

_____   _____

_____   _____

_____   _____

_____   _____

Procedimento

_____

_____

_____

_____

_____

_____

_____

_____

_____

_____

_____

♥ Ricetta 50 _____

Ingredienti

_____   _____

_____   _____

_____   _____

_____   _____

Procedimento

_____

_____

_____

_____

_____

_____

_____

_____

_____

_____

♥ Ricetta 51 _____

Tempo di cottura   Tempo di Preparazione   Porzioni

🕐 _____   🥣 _____   🍽️ _____

Ingredienti

_____   _____

_____   _____

_____   _____

_____   _____

Procedimento

_____

_____

_____

_____

_____

_____

_____

_____

_____

_____

♥ Ricetta 52 _____

Ingredienti

_____   _____

_____   _____

_____   _____

_____   _____

Procedimento

_____

_____

_____

_____

_____

_____

_____

_____

_____

_____

Tempo di cottura   Tempo di Preparazione   Porzioni

Ingredienti

_____   _____

_____   _____

_____   _____

_____   _____

_____   _____

Procedimento

_____

_____

_____

_____

_____

_____

_____

_____

_____

_____

_____

♥ Ricetta 54

Tempo di cottura   Tempo di Preparazione   Porzioni

Ingredienti

_____   _____

_____   _____

_____   _____

_____   _____

Procedimento

_____

_____

_____

_____

_____

_____

_____

_____

_____

_____

♥ Ricetta 55 _____

Tempo di cottura   Tempo di Preparazione   Porzioni.

Ingredienti

_____   _____

_____   _____

_____   _____

_____   _____

_____

Procedimento

_____

_____

_____

_____

_____

_____

_____

_____

_____

_____

_____

♥ Ricetta 56

Ingredienti

_____   _____

_____   _____

_____   _____

_____   _____

Procedimento

_____

_____

_____

_____

_____

_____

_____

_____

_____

_____

♥ Ricetta 57 _____

Tempo di cottura   Tempo di Preparazione   Porzioni

Ingredienti

_____   _____

_____   _____

_____   _____

_____   _____

_____

Procedimento

_____

_____

_____

_____

_____

_____

_____

_____

_____

_____

♥ Ricetta 58 _____

Ingredienti

_____   _____

_____   _____

_____   _____

_____   _____

_____

Procedimento

_____

_____

_____

_____

_____

_____

_____

_____

_____

_____

_____

♥ Ricetta 59 _____

Tempo di cottura   Tempo di Preparazione   Porzioni

Ingredienti

_____   _____

_____   _____

_____   _____

_____   _____

_____   _____

Procedimento

_____

_____

_____

_____

_____

_____

_____

_____

_____

_____

♥ Ricetta 60

Ingredienti

_____   _____

_____   _____

_____   _____

_____   _____

_____

Procedimento

_____

_____

_____

_____

_____

_____

_____

_____

_____

_____

_____

♥ Ricetta 61 _____

Tempo di cottura   Tempo di Preparazione   Porzioni

Ingredienti

_____   _____

_____   _____

_____   _____

_____   _____

Procedimento

_____

_____

_____

_____

_____

_____

_____

_____

_____

_____

♥ Ricetta 62 _____

Ingredienti

_____   _____

_____   _____

_____   _____

_____   _____

Procedimento

_____

_____

_____

_____

_____

_____

_____

_____

_____

_____

♥ Ricetta 63 _____

Ingredienti

_____   _____

_____   _____

_____   _____

_____   _____

_____   _____

Procedimento

_____

_____

_____

_____

_____

_____

_____

_____

_____

_____

♥ Ricetta 64 _____

Tempo di cottura   Tempo di Preparazione   Porzioni

Ingredienti

_____   _____
_____   _____
_____   _____
_____   _____

Procedimento

_____
_____
_____
_____
_____
_____
_____
_____
_____
_____

Tempo di cottura   Tempo di Preparazione   Porzioni

Ingredienti

_____   _____

_____   _____

_____   _____

_____   _____

Procedimento

_____

_____

_____

_____

_____

_____

_____

_____

_____

_____

_____

♥ Ricetta 66 _____

Ingredienti

_____ _____

_____ _____

_____ _____

_____ _____

Procedimento

_____

_____

_____

_____

_____

_____

_____

_____

_____

_____

_____

♥ Ricetta 67 _____

Ingredienti

_____   _____

_____   _____

_____   _____

_____   _____

_____

Procedimento

_____

_____

_____

_____

_____

_____

_____

_____

_____

_____

_____

♥ Ricetta 68 _____

Tempo di cottura   Tempo di Preparazione   Porzioni.

Ingredienti

_____ _____

_____ _____

_____ _____

_____ _____

Procedimento

_____

_____

_____

_____

_____

_____

_____

_____

_____

_____

♥ Ricetta 69 _____

Ingredienti

_____   _____

_____   _____

_____   _____

_____   _____

_____   _____

Procedimento

_____

_____

_____

_____

_____

_____

_____

_____

_____

_____

_____

♥ Ricetta 70 _____

_____   _____   _____

Ingredienti

_____ _____

_____ _____

_____ _____

_____ _____

_____

Procedimento

_____

_____

_____

_____

_____

_____

_____

_____

_____

_____

♥ Ricetta 71 _____

Ingredienti

_____   _____

_____   _____

_____   _____

_____   _____

_____   _____

Procedimento

_____

_____

_____

_____

_____

_____

_____

_____

_____

_____

_____

♥ Ricetta 72 _____

Tempo di cottura   Tempo di Preparazione   Porzioni

Ingredienti

_____ _____

_____ _____

_____ _____

_____ _____

_____

Procedimento

_____

_____

_____

_____

_____

_____

_____

_____

_____

_____

_____

♥ Ricetta 73 _____

Ingredienti

_____   _____

_____   _____

_____   _____

_____   _____

_____

Procedimento

_____

_____

_____

_____

_____

_____

_____

_____

_____

_____

♥ Ricetta 74 _____

Tempo di cottura   Tempo di Preparazione   Porzioni

🕐 _____   🥣 _____   🍽 _____

Ingredienti

_____   _____

_____   _____

_____   _____

_____   _____

Procedimento

_____

_____

_____

_____

_____

_____

_____

_____

_____

_____

♥ Ricetta 75 _____

Tempo di cottura   Tempo di Preparazione   Porzioni.

Ingredienti

_____   _____

_____   _____

_____   _____

_____   _____

Procedimento

_____

_____

_____

_____

_____

_____

_____

_____

_____

_____

_____

♥ Ricetta 76 _____

<table>
<tr><td>Tempo di cottura</td><td>Tempo di Preparazione</td><td>Porzioni</td></tr>
</table>

Ingredienti

_____ _____

_____ _____

_____ _____

_____ _____

_____

Procedimento

_____

_____

_____

_____

_____

_____

_____

_____

_____

_____

♥ Ricetta 77

Tempo di cottura
Tempo di Preparazione
Porzioni

Ingredienti

Procedimento

♥ Ricetta 78 _____

Tempo di cottura   Tempo di Preparazione   Porzioni.

Ingredienti

_____ _____

_____ _____

_____ _____

_____ _____

Procedimento

_____

_____

_____

_____

_____

_____

_____

_____

_____

_____

♥ Ricetta 79 _____

Tempo di cottura   Tempo di Preparazione   Porzioni

_____   _____   _____

Ingredienti

_____   _____
_____   _____
_____   _____
_____   _____

Procedimento

_____

_____

_____

_____

_____

_____

_____

_____

_____

_____

_____

_____

♥ Ricetta 80 _____

Ingredienti

_____   _____

_____   _____

_____   _____

_____   _____

Procedimento

_____

_____

_____

_____

_____

_____

_____

_____

_____

_____

_____

Tempo di cottura   Tempo di Preparazione   Porzioni.

Ingredienti

_____   _____

_____   _____

_____   _____

_____   _____

Procedimento

_____

_____

_____

_____

_____

_____

_____

_____

_____

_____

♥ Ricetta 82 _____

Tempo di cottura   Tempo di Preparazione   Porzioni.

_____   _____   _____

Ingredienti

_____   _____

_____   _____

_____   _____

_____   _____

Procedimento

_____

_____

_____

_____

_____

_____

_____

_____

_____

_____

♥ Ricetta 83 _____

Ingredienti

_____   _____

_____   _____

_____   _____

_____   _____

Procedimento

_____

_____

_____

_____

_____

_____

_____

_____

_____

_____

♥ Ricetta 84 _____

Tempo di cottura   Tempo di Preparazione   Porzioni

_____   _____   _____

Ingredienti

_____   _____

_____   _____

_____   _____

_____   _____

_____

Procedimento

_____

_____

_____

_____

_____

_____

_____

_____

_____

_____

_____

♥ Ricetta 85 _____

Tempo di cottura   Tempo di Preparazione   Porzioni

Ingredienti

_____   _____

_____   _____

_____   _____

_____   _____

_____   _____

Procedimento

_____

_____

_____

_____

_____

_____

_____

_____

_____

_____

_____

Tempo di cottura   Tempo di Preparazione   Porzioni.

Ingredienti

_____   _____

_____   _____

_____   _____

_____   _____

_____   _____

Procedimento

_____

_____

_____

_____

_____

_____

_____

_____

_____

_____

♥ Ricetta 87 _____

Ingredienti

_____ _____

_____ _____

_____ _____

_____ _____

Procedimento

_____

_____

_____

_____

_____

_____

_____

_____

_____

_____

_____

♥ Ricetta 88 _____

Tempo di cottura   Tempo di Preparazione   Porzioni

Ingredienti

_____ _____

_____ _____

_____ _____

_____ _____

_____

Procedimento

_____

_____

_____

_____

_____

_____

_____

_____

_____

_____

♥ Ricetta 89 _____

Tempo di cottura   Tempo di Preparazione   Porzioni

Ingredienti

_____   _____

_____   _____

_____   _____

_____   _____

_____   _____

Procedimento

_____

_____

_____

_____

_____

_____

_____

_____

_____

_____

_____

♥ Ricetta 90 _____

Ingredienti

_____   _____

_____   _____

_____   _____

_____   _____

Procedimento

_____

_____

_____

_____

_____

_____

_____

_____

_____

_____

♥ Ricetta 91 _____

Tempo di cottura   Tempo di Preparazione   Porzioni.

Ingredienti

_____   _____

_____   _____

_____   _____

_____   _____

_____

Procedimento

_____

_____

_____

_____

_____

_____

_____

_____

_____

_____

♥ Ricetta 92 _____

Tempo di cottura   Tempo di Preparazione   Porzioni

🕐 _____   🥣 _____   🍴 _____

Ingredienti

_____   _____

_____   _____

_____   _____

_____   _____

Procedimento

_____

_____

_____

_____

_____

_____

_____

_____

_____

_____

♥ Ricetta 93 _____

Tempo di cottura   Tempo di Preparazione   Porzioni

Ingredienti

_____   _____

_____   _____

_____   _____

_____   _____

_____   _____

Procedimento

_____

_____

_____

_____

_____

_____

_____

_____

_____

_____

_____

♥ Ricetta 94 _____

Ingredienti

_____ _____

_____ _____

_____ _____

_____ _____

Procedimento

_____

_____

_____

_____

_____

_____

_____

_____

_____

_____

_____

♥ Ricetta 95 _____

Tempo di cottura   Tempo di Preparazione   Porzioni

_____   _____   _____

Ingredienti

_____   _____

_____   _____

_____   _____

_____   _____

Procedimento

_____

_____

_____

_____

_____

_____

_____

_____

_____

_____

_____

♥ Ricetta 96 _____

Tempo di cottura   Tempo di Preparazione   Porzioni

_____   _____   _____

Ingredienti

_____   _____

_____   _____

_____   _____

_____   _____

Procedimento

_____

_____

_____

_____

_____

_____

_____

_____

_____

_____

♥ Ricetta 97 _____

Tempo di cottura   Tempo di Preparazione   Porzioni

Ingredienti

_____   _____

_____   _____

_____   _____

_____   _____

_____   _____

Procedimento

_____

_____

_____

_____

_____

_____

_____

_____

_____

_____

Tempo di cottura

Tempo di Preparazione

Porzioni

Ingredienti

Procedimento

♥ Ricetta 99 _____

Tempo di cottura   Tempo di Preparazione   Porzioni

Ingredienti

_____   _____

_____   _____

_____   _____

_____   _____

_____   _____

Procedimento

_____

_____

_____

_____

_____

_____

_____

_____

_____

_____

_____

♥ Ricetta 100 _____

Ingredienti

_____ _____

_____ _____

_____ _____

_____ _____

Procedimento

_____

_____

_____

_____

_____

_____

_____

_____

_____

_____

Appunti

Appunti

Appunti

Appunti

Appunti

Printed in Poland
by Amazon Fulfillment
Poland Sp. z o.o., Wrocław
02 November 2023

efdb94a0-8da5-4d43-adce-f51b94b8660fR01